Creadores Independientes

Guía para empezar tu propia industria en la musica sin record label y sin Manager

By The Kompany Records

© Informacion Sobre Los Autores :

Bienvenido/a a la creación de música independiente. Crear música de forma independiente puede parecer una tarea desafiante, pero con este curso, lo haremos parecer pan comido.
Fue muy difícil para mi aprender todo sin una guia o alguien que te haga el camino mas corto por eso . Cubriremos diez módulos para ayudarte a crear música excelente sin necesidad de un sello discográfico o contrato. Al finalizar este curso, tendrás una base sólida para crear tu propia música y mostrarla al mundo. ¿Listo/a para empezar? Comencemos.

Prólogo sobre la música:

"¡Oye, escucha! En un mundo donde los ritmos caen como el fuego y las melodías gobiernan las ondas, la música es la vibra definitiva. Es un viaje sonoro que nos lleva a nuevas alturas, donde los géneros se mezclan y las fronteras se hacen añicos. Desde la escena underground hasta la En el escenario global, los artistas se elevan con sus sonidos únicos, haciendo olas y capturando corazones. En esta era del streaming y las redes sociales, la música es más accesible que nunca, y el poder de crear y conectarse está en manos de cada artista. ¡El bajo, la letra fluye y el ritmo te guían mientras nos sumergimos en la historia épica de la música en el año 2024!

En un mundo donde los artistas se están liberando de la industria musical tradicional, ser independiente es el nombre del juego. Se trata de crear tu propio camino, mantenerte fiel a tu sonido único y conectarte directamente con tus fans". . Ya no tendrás que esperar a que un contrato discográfico llame a tu puerta. Con el poder de las redes sociales y las plataformas de streaming, tienes la libertad de lanzar tu música en tus propios términos, construir tu propia marca y crear seguidores leales. un viaje lleno de ajetreo, determinación e infinitas posibilidades. ¡Así que toma tu micrófono, ponte la guitarra y prepárate para dejar tu huella como una fuerza independiente en la industria de la música!

Introducción: En el vasto y apasionante mundo de la música, la independencia se ha convertido en una joya preciada. Este libro está dedicado a aquellos artistas que desean forjar su propio camino en la industria musical, liberándose de las cadenas de las grandes discográficas y abrazando la autenticidad y el control creativo. Acompáñanos en este viaje hacia la independencia musical, donde descubriremos las claves para navegar las aguas desafiantes pero gratificantes de la industria.

Capítulo 1:

El Arte de Ser Independiente

- Exploraremos la importancia de la independencia en la música y cómo esta elección puede influir en la carrera de un artista.

- Analizaremos ejemplos de artistas independientes exitosos que han marcado la pauta en la industria.

- La independencia en la música no es solo una elección, es un arte que requiere dedicación, valentía y una profunda conexión con la propia identidad artística. En este capítulo, exploraremos los elementos fundamentales que componen el arte de ser independiente en la industria musical.

La Autoexpresión como Punto de Partida:

- La independencia musical comienza con la autenticidad. Exploraremos cómo los artistas pueden encontrar y expresar su identidad única a través de la música.

- Análisis de casos de artistas independientes que han destacado por su autenticidad y originalidad.

Rompiendo Moldes y Estereotipos:

- La independencia implica desafiar las convenciones y cuestionar los estereotipos. Veremos cómo los artistas pueden liberarse de las expectativas preestablecidas y forjar su propio camino.

- Ejemplos de artistas que han desafiado normas y han dejado una marca duradera en la industria.

La Importancia de la Visión a Largo Plazo:

- Ser independiente es un viaje a largo plazo. Discutiremos la importancia de tener una visión clara y sostenible para la carrera musical.

- Estrategias para la planificación a largo plazo y la construcción de una base sólida.

Gestión del Riesgo y la Resiliencia:

- La independencia conlleva riesgos, pero también oportunidades. Hablaremos sobre cómo los artistas pueden gestionar riesgos de manera inteligente y cultivar la resiliencia frente a los desafíos.

- Consejos prácticos para superar momentos difíciles y mantenerse enfocado en los objetivos a largo plazo.

Construyendo Relaciones Auténticas:

- La colaboración y la construcción de relaciones genuinas son pilares esenciales. Examinaremos cómo los artistas pueden establecer conexiones auténticas con su audiencia, colegas y la industria en general.

- Estrategias para cultivar relaciones duraderas y beneficiosas.

La Libertad Creativa y la Experimentación:

- Ser independiente significa tener la libertad creativa. Exploraremos cómo los artistas pueden aprovechar al máximo esta libertad para experimentar y evolucionar artísticamente.

- Casos de artistas que han utilizado su independencia creativa para innovar y sorprender a su audiencia.

Éxito Definido por Uno Mismo:

- Redefiniremos el éxito desde una perspectiva independiente. Cada artista tiene su propia medida de éxito, y exploraremos cómo definir metas y logros personales.

- Inspiración de artistas que han encontrado el éxito a su manera, sin comprometer su visión.

Al sumergirnos en el arte de ser independiente en la música, descubrimos que la independencia no solo se trata de la forma en que se crea la música, sino también de la forma en que se vive la vida como artista. Este capítulo es un recordatorio de que la independencia es un viaje único y valioso, donde cada nota, cada elección y cada desafío contribuyen a la obra maestra personal de cada artista.

Capítulo 2:

Construyendo Tu Marca Personal

- La marca personal es esencial para destacar en la industria musical. Descubriremos cómo definir y construir una marca que refleje la autenticidad del artista.

- Estrategias para utilizar las redes sociales y otras plataformas para fortalecer la presencia en línea.

La marca personal es la esencia misma de un artista independiente en la industria musical. En este capítulo, exploraremos cómo los artistas pueden construir una marca sólida y auténtica que los distinga en un mundo saturado de sonidos. La construcción de tu marca personal es un viaje de autodescubrimiento y conexión con tu audiencia.

Descubriendo Tu Identidad Artística:

- El viaje hacia una marca personal comienza con la comprensión profunda de tu identidad artística. Discutiremos estrategias para descubrir y definir lo que te hace único como artista.

- Ejercicios prácticos para explorar tu estilo, valores y mensajes que deseas transmitir.

Visualizando Tu Marca:

- La imagen visual es crucial en la construcción de una marca. Exploraremos cómo elegir elementos visuales que reflejen tu identidad, desde el logo hasta el diseño de portadas y la fotografía.

- Casos de éxito de artistas que han creado imágenes visuales impactantes y coherentes.

Narrativa y Mensaje:

- Cada artista tiene una historia que contar. Hablaremos sobre la importancia de construir una narrativa convincente que resuene con tu audiencia.

- Estrategias para comunicar tu mensaje de manera efectiva a través de tus letras, redes sociales y entrevistas.

Consistencia en la Marca:

- La coherencia es clave. Analizaremos cómo mantener una imagen y mensaje coherentes en todas las plataformas y aspectos de tu carrera musical.

- Consejos para evitar contradicciones y construir una marca sólida a lo largo del tiempo.

Interacción con la Audiencia:

- La construcción de una marca personal implica la interacción activa con la audiencia. Discutiremos estrategias para conectarte genuinamente con tus seguidores a través de las redes sociales, conciertos y otras plataformas.

- Casos de artistas que han construido comunidades leales a través de la autenticidad y la interacción.

Diferenciación en un Mundo Globalizado:

- En un mundo donde la música viaja rápidamente, la diferenciación es crucial. Exploraremos cómo destacar en un mercado global y destacar entre la multitud.

- Estrategias para encontrar tu nicho y atraer a audiencias específicas.

Evolución de la Marca:

- La marca personal es dinámica y evoluciona con el tiempo. Hablaremos sobre cómo adaptar tu marca a medida que tu música y tu identidad artística evolucionan.

- Casos de artistas que han logrado mantener su autenticidad mientras evolucionan en su carrera.

Al final de este capítulo, los artistas estarán equipados con las herramientas necesarias para construir una marca personal que no solo sea distintiva, sino también auténtica y poderosamente conectada con su audiencia. La marca personal es más que una imagen; es la historia que cuentas, la conexión que construyes y la identidad que proyectas en cada nota y en cada paso que das en el mundo musical.

Capítulo 3:

Producción Independiente

- Sumergiremos en el proceso de producción musical independiente, desde la creación de la música hasta la distribución.

- Recursos y herramientas disponibles para los artistas que desean producir su propia música.

La producción musical independiente es una aventura emocionante y desafiante que permite a los artistas tener un control total sobre su creatividad. En este capítulo, exploraremos el proceso de producción independiente, desde la concepción de la música hasta la distribución, brindando a los artistas las herramientas necesarias para llevar su visión a la realidad.

La Importancia de la Autenticidad en la Producción:

- La producción independiente se basa en la autenticidad. Discutiremos cómo mantener la esencia única de tu música durante todo el proceso de producción.

- Consejos para preservar la autenticidad en la grabación, mezcla y masterización.

Configurando Tu Estudio Independiente:

- Exploraremos cómo construir un estudio de grabación independiente eficiente y accesible. Desde la selección de equipos hasta la optimización del espacio, te proporcionaremos las pautas necesarias.

- Recursos y recomendaciones para software de producción y equipos asequibles.

El Arte de la Composición:

- La composición es el corazón de la producción musical. Discutiremos estrategias para desarrollar ideas creativas, estructurar canciones y explorar nuevos sonidos.

- Ejercicios prácticos para potenciar la creatividad en el proceso de composición.

Grabación y Técnicas de Micrófono:

- La calidad de la grabación es esencial. Analizaremos técnicas de micrófono, posicionamiento y grabación que permitirán a los artistas obtener el mejor sonido posible.

- Consejos para grabar instrumentos y voces de manera efectiva.

Mezcla y Masterización Independientes:

- La mezcla y masterización son pasos cruciales. Exploraremos cómo realizar estos procesos de manera independiente, logrando un sonido profesional.

- Herramientas y software recomendados para la mezcla y masterización en el ámbito independiente.

Distribución Digital y Plataformas de Streaming:

- La distribución independiente ha sido revolucionada por las plataformas digitales. Analizaremos cómo distribuir tu música de manera eficaz en plataformas como Spotify, Apple Music y otras.

- Estrategias para optimizar la visibilidad y el alcance en las plataformas de streaming.

Presupuesto y Finanzas en la Producción:

- La producción independiente también implica gestionar recursos financieros. Hablaremos sobre cómo establecer un presupuesto realista y tomar decisiones financieras informadas.

- Consejos para maximizar la eficiencia sin comprometer la calidad.

Este capítulo proporcionará a los artistas las herramientas y conocimientos necesarios para embarcarse en la emocionante travesía de la producción musical independiente. Desde la concepción de la idea hasta la distribución digital, la producción independiente es la clave para expresar la visión artística sin restricciones.

Capítulo 4: Finanzas y Autogestión

- La gestión financiera es clave para la independencia. Hablaremos sobre cómo gestionar los ingresos, gastos y la importancia de la autogestión.

- Consejos prácticos para artistas independientes en la administración de su carrera financiera.

Definitivamente, aquí tienes algunos consejos prácticos para que los artistas independientes administren su carrera financiera de manera efectiva:

Establece un Presupuesto Detallado:

- Crea un presupuesto que incluya todos los gastos relacionados con tu carrera musical, como grabación, promoción, viajes y equipos. Monitorea tus ingresos y gastos de cerca para asegurarte de mantenerte dentro de tus límites financieros.

Diversifica tus Fuentes de Ingresos:

- No te limites a una sola fuente de ingresos. Explora diferentes vías, como regalías, conciertos en vivo, ventas de música y merchandising. Diversificar te ayudará a ser más resistente ante posibles fluctuaciones en tus ingresos.

Negociación Consciente:

- Al negociar contratos, asegúrate de comprender cada detalle y no temas negociar términos que beneficien tus intereses a largo plazo. Considera la posibilidad de trabajar con un profesional legal especializado en la industria musical para obtener asesoramiento.

Planificación a Largo Plazo:

- Desarrolla una visión a largo plazo para tu carrera musical y ajusta tu presupuesto en consecuencia. Considera la posibilidad de establecer metas financieras a largo plazo, como la compra de equipo adicional o la inversión en promoción.

Educación Financiera:

- Dedica tiempo a educarte sobre conceptos financieros clave, como impuestos, contabilidad y gestión de ingresos. La comprensión profunda de estos temas te permitirá tomar decisiones financieras más informadas.

Ahorro y Fondo de Emergencia:

- Establece un fondo de emergencia para cubrir gastos inesperados o periodos de ingresos bajos. Ahorrar regularmente te proporcionará seguridad financiera y tranquilidad en momentos difíciles.

Transparencia en las Finanzas:

- Sé transparente en tus transacciones financieras con colaboradores, como managers y agentes. Una comunicación abierta facilita una relación de trabajo sólida y reduce posibles malentendidos.

Utiliza Herramientas Financieras:

- Aprovecha herramientas y aplicaciones financieras para realizar un seguimiento de tus finanzas de manera eficiente. Hay aplicaciones diseñadas específicamente para artistas independientes que pueden ayudarte a gestionar ingresos, gastos y presupuestos.

Inversiones Inteligentes:

- Si es posible, considera opciones de inversión que puedan aumentar tus ingresos a lo largo del tiempo. Consulta con asesores financieros para explorar oportunidades de inversión alineadas con tus metas y tolerancia al riesgo.

Mantén una Mentalidad Empresarial:

- Trata tu carrera musical como un negocio. Mantén una mentalidad empresarial al tomar decisiones financieras y busca constantemente formas de mejorar y hacer crecer tu marca.

La gestión financiera es esencial para una carrera musical independiente exitosa. Al adoptar prácticas financieras sólidas, los artistas pueden construir una base sólida que les permita enfocarse en su arte de manera continua y sostenible.

Capítulo 5: Distribución y Promoción

- Exploraremos las opciones de distribución independiente y estrategias efectivas para promocionar la música de manera autónoma.

- Cómo aprovechar las plataformas de streaming y herramientas de promoción en línea.

Aprovechar las plataformas de streaming y herramientas de promoción en línea es esencial para aumentar la visibilidad y el alcance de tu música en la era digital. En este capítulo, exploraremos estrategias efectivas para distribuir tu música en plataformas de streaming y utilizar herramientas de promoción en línea para llegar a tu audiencia de manera más efectiva.

Distribución Digital Estratégica:

- Examinaremos cómo distribuir tu música de manera efectiva en plataformas de streaming como Spotify, Apple Music, y otras. Discutiremos los beneficios de utilizar distribuidoras digitales y las opciones disponibles para artistas independientes.

- Consejos para optimizar metadatos, portadas y descripciones en las plataformas de streaming.

Construcción de un Perfil Atractivo en Plataformas de Streaming:

- La presentación de tu música es clave. Exploraremos cómo construir un perfil atractivo en las plataformas de streaming, incluyendo biografías, fotos, y listas de reproducción.

- Estrategias para destacar en las secciones de descubrimiento de plataformas como Spotify.

Participación en Playlists:

- Las playlists son una poderosa herramienta de promoción en plataformas de streaming. Hablaremos sobre cómo buscar inclusiones en playlists y cómo crear tus propias listas para aumentar la visibilidad de tu música.

- Consejos para contactar a curadores de playlists y estrategias para mantener la relevancia.

Promoción en Redes Sociales:

- Las redes sociales son fundamentales para promocionar tu música. Analizaremos estrategias para utilizar plataformas como Instagram, Twitter y Facebook de manera efectiva.

- Consejos para crear contenido atractivo, interactuar con tu audiencia y promover lanzamientos.

Uso Estratégico de Videos Musicales:

- Los videos musicales son herramientas poderosas. Exploraremos cómo crear videos atractivos y cómo utilizar plataformas como YouTube para promocionar tu música.

- Estrategias para aprovechar las tendencias de videos musicales y colaboraciones visuales.

Email Marketing para Músicos:

- El marketing por correo electrónico sigue siendo efectivo. Hablaremos sobre cómo construir y mantener una lista de correo electrónico, así como estrategias para utilizar el correo electrónico como herramienta de promoción.

- Consejos para crear campañas de correo electrónico efectivas.

Publicidad Digital Dirigida:

- La publicidad en línea puede ser una herramienta valiosa. Discutiremos cómo utilizar la publicidad digital en plataformas como Facebook e Instagram para llegar a audiencias específicas.

- Estrategias para la segmentación efectiva y la optimización de anuncios.

Participación en la Comunidad en Línea:

- La participación activa en comunidades en línea puede impulsar la promoción. Exploraremos cómo participar en foros, grupos y comunidades relacionadas con la música puede ampliar tu alcance.

- Consejos para construir relaciones en línea y convertir a los seguidores en promotores activos.

Este capítulo proporcionará a los artistas independientes las estrategias y herramientas necesarias para maximizar su presencia en plataformas de streaming y promocionar su música de manera efectiva en línea. Aprovechar estas plataformas y herramientas no solo aumentará la visibilidad, sino que también fortalecerá la conexión con tu audiencia y fomentará un crecimiento sostenible en tu carrera musical independiente.

Capítulo 6: Desafíos y Superación

- Abordaremos los desafíos comunes que enfrentan los artistas independientes y ofreceremos consejos para superar obstáculos.

- Historias inspiradoras de artistas que han triunfado a pesar de los desafíos.

Las historias de artistas que han triunfado a pesar de los desafíos son fuente de inspiración para aquellos que buscan independencia en la industria musical. Aquí te presento algunas historias inspiradoras:

Chance the Rapper:

- Chance the Rapper es un claro ejemplo de éxito independiente. Lanzó su música de forma gratuita, rechazó ofertas de sellos discográficos y construyó su carrera a través de la autogestión. Ganó varios premios Grammy sin tener un contrato discográfico tradicional.

Amanda Palmer:

- Amanda Palmer es conocida por su éxito en la financiación colectiva. Después de romper con su sello discográfico, recurrió a plataformas como Kickstarter para financiar sus proyectos. Su álbum "Theatre Is Evil" fue financiado por sus fanáticos, recaudando más de un millón de dólares.

Macklemore & Ryan Lewis:

- Este dúo de hip-hop alcanzó la fama independiente con su álbum "The Heist". Independientemente financiado y producido, el álbum incluía el exitoso sencillo "Thrift Shop". Ganaron múltiples premios Grammy sin la ayuda de un sello discográfico importante.

Ani DiFranco:

- Ani DiFranco es una cantautora que ha mantenido una carrera independiente desde sus inicios. Fundó su propio sello, Righteous Babe Records, y ha lanzado más de 20 álbumes de manera independiente. Su enfoque en la autenticidad y la independencia ha sido un modelo para otros artistas.

Tech N9ne:

- Tech N9ne es un exitoso rapero independiente que ha construido un imperio musical sin la ayuda de un sello importante. Fundó Strange Music, su propio sello discográfico, y ha mantenido un control total sobre su música y carrera.

Joey Bada$$:

- Joey Bada$$ es un rapero y actor que ha mantenido su independencia desde sus comienzos. Su enfoque DIY (hazlo tú mismo) le ha permitido lanzar música de manera independiente, construyendo una base de fanáticos leales y ganando reconocimiento en la industria.

Hannah Trigwell:

- Hannah Trigwell es una cantautora independiente que ganó popularidad a través de YouTube. Sus covers y canciones originales la llevaron a construir una carrera independiente sólida, actuando en todo el mundo sin la necesidad de un respaldo discográfico.

Estas historias demuestran que la independencia en la música es alcanzable y puede llevar al éxito significativo. Cada uno de estos artistas superó desafíos, tomó decisiones valientes y se mantuvo fiel a su visión artística, sirviendo como inspiración para aquellos que buscan seguir un camino similar.

Capítulo 7: Comunidad y Colaboración

- La creación de una red sólida y colaboraciones estratégicas son elementos fundamentales. Hablaremos sobre cómo construir una comunidad de apoyo y fomentar colaboraciones significativas.

La construcción de una comunidad sólida y la búsqueda de colaboraciones significativas son elementos esenciales para el éxito y la sostenibilidad en la industria musical independiente. En este capítulo, exploraremos estrategias para conectar con tu audiencia, construir una comunidad de apoyo y establecer colaboraciones significativas que enriquezcan tu carrera musical.

Conecta con tu Audiencia:

- La base de una comunidad sólida es una conexión genuina con tu audiencia. Exploraremos cómo utilizar las redes sociales, correos electrónicos y eventos en vivo para construir relaciones significativas con tus seguidores.

- Estrategias para la participación activa y la creación de contenido que fomente la interacción.

Organiza Eventos y Actuaciones Intimas:

- Organizar eventos íntimos y actuaciones exclusivas puede fortalecer los lazos con tu comunidad. Hablaremos sobre cómo planificar y ejecutar eventos que generen una experiencia única para tus seguidores.

- Consejos para la organización de conciertos íntimos y sesiones de preguntas y respuestas.

Crea Contenido Colaborativo:

- La colaboración con otros artistas puede ser una poderosa estrategia para ampliar tu alcance. Discutiremos cómo identificar colaboradores potenciales y crear contenido conjunto que beneficie a ambas partes.

- Ejemplos de proyectos colaborativos exitosos en la industria musical.

Utiliza Plataformas de Colaboración en Línea:

- Exploraremos plataformas en línea que facilitan la colaboración entre artistas independientes. Desde la producción de música hasta la creación de videos, estas plataformas pueden ser herramientas valiosas para la colaboración remota.

- Recomendaciones de plataformas y comunidades en línea para artistas.

Participa en Redes de la Industria:

- Unirte a redes y asociaciones de la industria musical te proporcionará oportunidades para conocer a otros artistas y profesionales. Hablaremos sobre cómo involucrarte en eventos de la industria y establecer conexiones valiosas.

- Consejos para aprovechar al máximo eventos como conferencias y ferias musicales.

Apoya a Otros Artistas:

- La reciprocidad es clave en la construcción de una comunidad. Discutiremos cómo apoyar a otros artistas puede beneficiar a toda la comunidad musical independiente.

- Estrategias para compartir el trabajo de otros, participar en colaboraciones cruzadas y brindar apoyo mutuo.

Fomenta la Participación Activa:

- Una comunidad fuerte se caracteriza por la participación activa. Exploraremos cómo fomentar la participación de tus seguidores a través de desafíos, concursos y la incorporación de sus ideas en tu proceso creativo.

- Ejemplos de artistas que han logrado una participación significativa de su audiencia.

Al final de este capítulo, los artistas independientes estarán equipados con estrategias prácticas para construir y nutrir una comunidad sólida, así como para establecer colaboraciones significativas que enriquezcan su trayectoria musical. La comunidad y la colaboración no solo fortalecen la base de tu carrera, sino que también amplifican tu impacto en la industria musical independiente.

Conclusión:

"Independencia Musical" no solo es un manual para la autosuficiencia en la industria musical, sino también una invitación a abrazar la pasión, la autenticidad y el poder de la independencia. Que este libro inspire a los artistas a forjar su propio camino y a dejar una huella única en el vasto paisaje musical. ¡Que la música independiente resuene con fuerza y autenticidad!

Modulo 1 :

Introducción a la Industria Musical

- Conoce las herramientas y plataformas para crear y lanzar tu música a la industria. Si buscas crear y lanzar tu música sin lidiar con las complejidades de un contrato discográfico, optar por la independencia puede ser el camino a seguir. Puedes lanzar tu música en plataformas digitales como Tunecore, Distrokid y CDBaby, y hacer crecer tu base de fans a tu propio ritmo. De esta manera, puedes mantener el control creativo sobre tu música y convertirte en el dueño/a de tu propio imperio musical.
- También puedes comenzar a hacer música sin gastar dinero utilizando tu teléfono celular y muchas aplicaciones donde podrás empezar de inmediato. Es posible que no obtengas la mejor calidad que buscas, pero cumplirá con el trabajo. Luego, podrás llevar el producto al siguiente nivel, como una grabación profesional en un estudio, sin perder la magia y el toque de la canción que grabaste en tu teléfono

- **Módulo 2:**
- **Presencia en Redes Sociales:**

· Como artista independiente, tener una sólida presencia en redes sociales es crucial para dar a conocer tu música y construir una audiencia. Es importante utilizar todas las plataformas de redes sociales disponibles y ser constante con tu contenido para mantener a tu audiencia comprometida.

· No olvides mantener siempre una actividad constante y publicar regularmente para evitar perder seguidores. No temas experimentar con nuevo contenido o probar diferentes estrategias de marketing. Con persistencia y dedicación, puedes hacer crecer tu presencia en redes sociales y llevar tu carrera musical al siguiente nivel.

· En la era digital de hoy en día, las redes sociales se han convertido en una parte integral de nuestras vidas. Es una herramienta poderosa que nos ayuda a conectarnos con otros, compartir ideas y opiniones, e incluso construir nuestras marcas personales y profesionales. Sin embargo, esto también significa que lo que compartimos puede tener un impacto significativo en cómo somos percibidos por los demás. Por eso es esencial mantener una presencia positiva en las redes sociales. Al hacerlo, puedes establecer credibilidad, ganar respeto de los demás e incluso mejorar tus posibilidades de éxito tanto en tu vida personal como profesional. Se trata de presentarte de la mejor manera posible, ser auténtico y relacionarte con los demás de manera positiva y significativa. Así que tómate el tiempo para cuidar tus perfiles en redes sociales, publicar contenido de calidad e interactuar con tus seguidores de manera respetuosa y profesional. Recuerda, tu presencia en redes sociales es un reflejo de quién eres, ¡así que haz que cuente!

Módulo 3: Colaboraciones:

• Colaborar con otros productores y artistas talentosos puede ser una excelente manera de llevar tu música al siguiente nivel. No solo te ayudará a llegar a nuevas audiencias, sino que también proporcionará perspectivas e ideas frescas que quizás no hayas considerado por tu cuenta. Al trabajar juntos, puedes combinar tus fortalezas individuales y crear algo verdaderamente único y significativo.

• Colaborar con otros artistas puede aportar ideas frescas, nuevas perspectivas y una energía creativa compartida a tu proceso de creación musical. También puede ayudarte a expandir tu red de contactos, obtener exposición e incluso abrir nuevas oportunidades profesionales. Así que, ya seas un músico solista buscando unirte a otros o parte de una banda que desea colaborar con otros artistas, da ese primer paso y comienza a comunicarte hoy mismo. ¿Quién sabe a dónde te llevará tu próxima colaboración?

- Co-escribir es una forma de colaborar con otros artistas escribiendo canciones juntos. Esto implica compartir ideas, melodías y letras para crear una composición conjunta. Un featuring es una práctica común en la industria musical donde los artistas trabajan juntos para crear una nueva canción. Por lo general, implica que un artista contribuya con sus habilidades para mejorar la pista en general. Esto podría incluir cantar un verso, tocar un instrumento o agregar capas adicionales de producción. Colaborar con otros artistas a través de featuring puede ayudar a expandir la audiencia y el alcance de un artista, y también puede llevar a nuevas oportunidades creativas y colaboraciones en el futuro.

Módulo 5: Grabación DIY:

• Solo necesitas ir a un estudio profesional para grabar tu música si no sabes cómo hacerlo tú mismo, pero si lo sabes, esto es genial para ti.

• Configura un estudio casero, toma tu confiable micrófono y deja que la magia suceda.

• Es importante tener las herramientas adecuadas para la auto-grabación, como una computadora y software compatible.

• Contar con un entorno insonorizado es importante para grabarse a uno mismo, ya que garantiza un sonido claro sin distracciones de fondo.

Módulo 6: Comunidades de Música en Línea.

• Unirse a una comunidad musical virtual es una excelente manera de conectarse con personas afines que comparten tu pasión por la música. Al convertirte en miembro, puedes compartir tu trabajo con otros miembros y obtener comentarios valiosos para mejorar tus habilidades. Además, puedes descubrir nuevos talentos, aprender de los demás y aplicar lo que has aprendido a tu propia música. Ser parte de una comunidad musical virtual puede ser una experiencia divertida y gratificante para cualquier persona que ame la música.

• Esto te ayudará a aprender de los demás y aplicar lo que has aprendido.

• Únete a grupos de Facebook con otros artistas musicales.

Módulo 7: Blogs de Música y Listas de Reproducción:

• Haz que tu música se escuche enviando tus canciones a blogs de música, revistas en línea y listas de reproducción seleccionadas. Quién sabe quién lo verá.

• Crear un sitio web de blog de música puede ser una excelente manera de compartir tu música con el mundo. Con la ayuda de un blog, puedes mostrar fácilmente tu música y distribuirla a tus fans de manera organizada y eficiente. Es una plataforma perfecta para conectarte con tu audiencia, compartir tu trabajo creativo y construir una comunidad en torno a tu música. Con las herramientas y estrategias adecuadas, puedes crear un exitoso blog de música que te ayudará a alcanzar tus metas como músico.

Módulo 8: Ganar dinero extra.

• Si tienes talento para el arte y has construido una base de seguidores en plataformas de redes sociales u otros canales, puedes aprovechar tus habilidades para ganar dinero extra en Fiverr.

• Al crear servicios que muestren tus habilidades artísticas, puedes atraer a posibles clientes que buscan obras de arte únicas y personalizadas. Ya seas pintor, diseñador gráfico o ilustrador, Fiverr es una excelente plataforma para monetizar tu creatividad y conectarte con compradores de todo el mundo. Entonces, si deseas convertir tu pasión por el arte en un emprendimiento rentable, considera ofrecer tus servicios en Fiverr.

Módulo 9: Comienza a crear desde tu teléfono móvil.

• En estos días, puedes trabajar fácilmente en tu música directamente desde tu teléfono. Hay varias aplicaciones disponibles que te permiten crear ritmos y grabarte a ti mismo. Si bien grabar desde tu teléfono puede no producir la mejor calidad, si trabajas en mejorar tus habilidades, definitivamente puedes alcanzar el nivel que estás buscando.

• Alternativamente, puedes usar tu teléfono para grabar tus ideas y llevarlas a un estudio de grabación más tarde. De esta manera, no perderás el toque mágico de tu creatividad. Esta es la mejor manera de comenzar de inmediato, y muchas personas desconocen estos métodos y aplicaciones. Pero no te preocupes, estoy aquí para ayudarte.

Módulo 10: Sigue investigando y mejorando.

• Cuanto más investigues sobre música, mejor músico te convertirás. Sigue aprendiendo de otros artistas exitosos.
• Conoce la historia del género en el que estás intentando incursionar, realiza un poco de investigación o mira documentales.
• Sigue creando música, mejora tus habilidades, cuanto más practiques, mejor serás en tus habilidades.
• Es importante mantenerse dedicado a tu arte y seguir creando música. No tengas miedo de probar cosas nuevas y experimentar con diferentes sonidos. A medida que sigas desarrollando tus habilidades, comenzarás a ver progreso y mejora en tu música. Recuerda ser paciente y mantener el compromiso con tus metas, y te sorprenderás de lo que puedes lograr.

About the Author

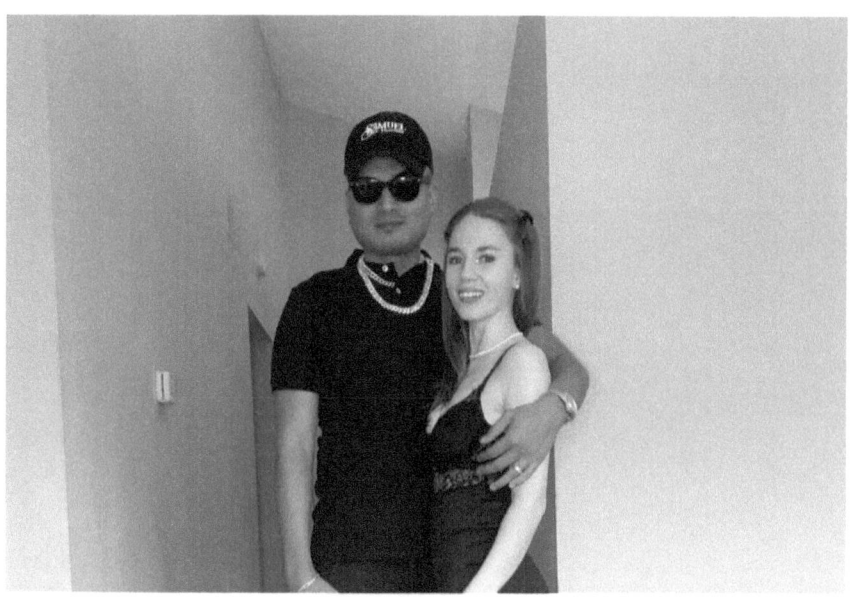

Author Name

Instagram: Samuel El Fugitivo & 1Rina Rodriguez

• En el próximo libro, enseñaré las herramientas y aplicaciones adecuadas para que puedas comenzar a hacer música a través de tu teléfono o computadora portátil utilizando el software y las herramientas adecuadas. Te transformarás en un productor, al igual que muchos artistas en la actualidad, para llevar tu música al siguiente nivel y obtener beneficios de tus propias creaciones. Mantente atento al próximo libro. Ufeelenet.

The Kompany Records

www.ingramcontent.com/pod-product-compliance
Lightning Source LLC
Chambersburg PA
CBHW030506220526
45464CB00006B/2686